ORAISON FUNÈBRE

DE

M. L'ABBÉ DESPREZ

CHANOINE HONORAIRE DE BAYEUX & DE COUTANCES
SUPÉRIEUR DU BON-SAUVEUR
ANCIEN PROVISEUR DU LYCÉE DE CAEN

PRONONCÉE PAR

MONSEIGNEUR GERMAIN

ÉVÊQUE DE COUTANCES ET AVRANCHES

DANS L'ÉGLISE SAINT-ÉTIENNE DE CAEN

Le Jeudi 13 Octobre 1881

COUTANCES
IMPRIMERIE DE SALETTES, LIBRAIRE-ÉDITEUR.
1881

> *Dedit Dominus ipsi fortitudinem et usque in senectam permansit illi virtus..... ut viderent omnes filii Israël quia bonum est obsequi Sancto Deo.*
>
> Dieu lui donna la force en partage; sa vigueur lui resta jusqu'à la vieillesse, et tous ont pu voir qu'il n'est rien de meilleur que la fidélité à notre grand Dieu.
>
> Eccli. XLVI ; 11 12.

Monseigneur [1],

Messieurs,

Que s'est-il donc passé? Quel événement grave et solennel a remué la cité, l'a réunie tout entière dans cette enceinte? Pourquoi le docte et vénéré Pontife a-t-il quitté sa ville épiscopale? Pourquoi ces prêtres se sont-ils arrachés à leur sacré ministère, ces administrateurs à leurs hautes occupations? Pourquoi le corps enseignant s'est-il levé comme un seul

---

[1] Monseigneur Hugonin, Evêque de Bayeux et Lisieux

homme? Pourquoi cette multitude imposante qui se presse sous ces voûtes majestueuses ?

La réponse est facile : je la lis dans tous les cœurs. Tous en effet, Evêques et prêtres, administrateurs, professeurs et disciples, parents et enfants, nous venons de faire une perte cruelle. Il s'est éteint cet homme qui, pendant de si longues années, fut à la fois la lumière, le conseil, l'honneur, non pas seulement des nombreuses générations confiées à sa sollicitude, mais de la famille, mais de la cité, mais je l'oserais dire du pays tout entier. Elle a disparu, cette figure si grande, si digne, si vénérable dans sa simplicité. Il n'est plus, cet homme qui se plaisait à prodiguer son dévouement, cet homme objet d'une confiance universelle, cet homme que personne ne connut jamais sans lui payer le tribut d'une estime, d'un respect sans réserve.

Et tous, de concert, nous venons, en cette funèbre cérémonie, lui décerner un hommage suprême.

On l'a dit avec raison : « Tant que l'homme vit, la modestie doit garder ses actes et l'amitié elle-même doit être contenue par la pudeur. La mort a cela d'admirable qu'elle donne au souvenir comme au jugement toute sa liberté, en enlevant ceux qu'elle frappe au double écueil de la fragilité et de l'envie; le tombeau souffre la louange. »

Volontiers d'ailleurs, pour ce qui me regarde, j'ajoute avec Bossuet : « Pour orner une telle vie, je n'ai pas besoin d'emprunter les fausses couleurs de la rhétorique et encore moins les détours de la flatterie. Ce n'est pas ici de ces discours où l'on ne parle qu'en tremblant, où il faut plutôt passer avec adresse que s'arrêter avec assurance, où la prudence et la discrétion tiennent toujours en contrainte l'amour de la vérité. Je n'ai rien ni à taire ni à déguiser, et si la simplicité vénérable d'un prêtre de Jésus-Christ, ennemi du faste et de l'éclat, ne présente pas à nos yeux de ces actions pompeuses qui éblouissent les hommes, son innocence et sa foi nous donneront des pensées plus dignes de cette chaire. »

Mais que vous dirai-je donc? Je n'irai pas chercher loin l'éloge de celui que la mort vient de ravir à notre affection ; c'est à la voix publique elle-même, c'est à votre témoignage unanime que je veux l'emprunter : celui que nous pleurons fut un *homme*, un *prêtre*, un *instituteur* accompli. Tel est en trois mots le sujet et le partage de ce discours, consacré à la mémoire de vénérable et discrète personne M. l'abbé Jean-François Desprez, Chanoine honoraire de Bayeux et de Coutances, Supérieur de la Communauté du Bon-Sauveur, Proviseur honoraire du Lycée de Caen, Chevalier de la Légion-d'honneur, Officier de l'Instruction publique.

I.

Un homme, Messieurs! Ce simple mot doit exprimer une réalité sublime, puisque, de l'avis de tous, les hommes sont si rares. C'est qu'en effet ce mot a deux significations, non pas seulement distinctes, mais opposées. Quand les Latins voulaient indiquer l'homme vulgaire, ils employaient un terme qui rendait bien leur pensée : se rappelant confusément la bassesse de son origine, le limon dont il avait été pétri, ils l'appelaient : *Homo,* l'homme terrestre, l'homme sans caractère propre et presque sans individualité. Mais quand ils voulaient désigner l'homme qui compte, l'homme à la stature mâle et généreuse, ils le peignaient d'un mot qui rendait sa grandeur, ils l'appelaient l'homme viril, l'homme de l'énergie et de la force : *Vir.* Ils étaient dans le vrai : ce qui fait l'homme, Messieurs, c'est la force : la force de l'esprit, la force du caractère, la force du dévouement et du cœur.

Et voilà précisément ce que fut M. l'abbé Desprez. *Dedit*

Dominus ipsi fortitudinem et usque in senectam permansit illi virtus.

Il fut un homme, d'abord parce qu'il posséda la force de l'esprit.

L'intelligence brilla de bonne heure dans cette âme si bien faite pour les grandes conceptions de la science et les hautes pensées de la foi.

Au Petit-Séminaire de Sottevast, il se fait remarquer par cette facilité qui saisit si vite les premiers éléments des langues classiques ; il se fait apprécier par cette raison précoce qui n'avance qu'en se rendant compte des choses, qui s'attache à comprendre les règles, afin de les appliquer sûrement.

Plus tard, au collège de Valognes, les mêmes qualités solides le désignent à l'attention de ses maîtres et à la confiance de ses condisciples.

Mais c'est surtout au Grand-Séminaire de Coutances que ses remarquables facultés trouvent leur libre et féconde expansion. L'enseignement plus précis, plus didactique de la philosophie et de la théologie répondait merveilleusement à la rectitude de son jugement, à cet impérieux besoin de voir clair qui fut le continuel tourment de sa vie. Ces qualités positives n'enlevaient rien pourtant ni à la pénétration de l'esprit, ni à la facilité du travail. Il sut le montrer, en particulier, dans une circonstance délicate qui aurait pu déconcerter une nature moins richement pourvue. Notre illustre prédécesseur, de vaillante et glorieuse mémoire, Monseigneur Daniel, alors Recteur de l'Académie de Caen, avait découvert, dans un vicariat du diocèse de Coutances, un prêtre que distinguaient, avec son amour de la jeunesse, ses remarquables aptitudes pour l'enseignement. Il l'avait appelé sous ses yeux mêmes, à titre de sous-aumônier et de professeur élémentaire, dans ce Lycée sur lequel l'abbé Desprez devait jeter plus tard un si vif éclat. Mais le jeune prêtre n'avait pas ses grades universitaires. Immédiatement il se met à l'œuvre, avec une patience que rien ne lasse, avec un courage que rien n'arrête ; il fait marcher de pair et ses fonctions de sous-aumônier, et ses fonctions de professeur, et sa préparation au baccalauréat et à la licence. En quelques mois, il a conquis les deux diplômes et ouvert sa carrière.

L'intelligence qu'il vient de déployer ne lui fera jamais défaut ; et quelle que soit plus tard la situation à laquelle l'élève son mérite, il sera toujours supérieur à son poste. Mais hâtons-nous de le dire, ce fut surtout par le bon sens, ce fut par la raison, une raison maîtresse, que l'abbé Desprez fut un homme. Coup d'œil sûr pour voir la difficulté qu'il regardait toujours en face, inflexible droiture de jugement pour donner la réponse qu'il ne refusait jamais, prodigieuse perspicacité pour découvrir son loyal chemin au milieu de complications qui semblaient inextricables, singulier à-propos enfin, singulière finesse d'un esprit vif, piquant, original, fécond en ressources sous une apparente bonhomie : qui de nous à ces traits ne reconnaît le vénéré défunt ? Combien sont-ils ici ceux qui n'ont pas recherché la sagesse qui tombait de ses lèvres ? Combien sont-ils ceux qui n'ont pas consulté le bon sens qui parlait par sa bouche, ce bon sens que Bossuet a si bien nommé le maître de la vie humaine ? Combien sont-ils ceux qui n'ont pas goûté les fruits de son intelligence élevée, de sa haute et imperturbable raison ?

Il y a dans l'homme, Messieurs, une force plus grande

encore que celle de l'esprit, c'est la force de la volonté, l'énergie du caractère. Où les trouver de nos jours, les hommes d'une volonté décidée, résolue, inébranlable, d'une volonté qui marche au but sans se laisser décourager par les obstacles ou par les fatigues? Où les trouver, les hommes qui savent et peuvent dire : Je veux? Un de nos grands orateurs répond: « Je veux, c'est le mot le plus rare qui soit au monde, bien qu'il soit fréquemment usurpé ; et quand un homme en a le secret terrible, qu'il soit pauvre et le dernier de tous, soyez sûr qu'un jour vous le trouverez plus haut que vous. »

Voilà, Messieurs, le secret de la hauteur à laquelle a su monter et sur laquelle nous admirons notre cher défunt. C'est qu'il réalisa dans toute sa vie cette définition du caractère donnée par l'orateur que je viens de citer : « Le caractère est l'énergie sourde et constante de la volonté, je ne sais quoi d'inébranlable dans les desseins, de plus inébranlable encore dans la fidélité à soi-même, à ses convictions, à ses amitiés, à ses vertus ; une force intime qui jaillit de la personne et inspire à tous cette certitude que nous appelons la sécurité. »

L'énergie sourde et constante de la volonté : ce fut le propre de notre regretté Proviseur. Il avait pour lui la décision ; il savait prendre un parti ; il était de ceux qui, quand il le faut, n'hésitent pas à se prononcer et à dire, avec une autorité que tempérait toujours la bonté : Je veux !

Je ne sais quoi d'inébranlable dans les desseins. — Il était avant tout homme de réflexion ; il étudiait, il examinait avant de prendre son parti. Mais quand ce parti était pris, il avançait résolument ; sans reculer, sans hésiter, il poursuivait son plan jusqu'à sa complète exécution.

Je ne sais quoi de plus inébranlable encore dans la fidélité à soi-même. — Comme cette parole peint bien notre mort bien-aimé ! Il nous a été donné de le connaître depuis notre enfance, et, dans cette austère physionomie qui captivait déjà nos premiers regards, nous avons toujours retrouvé les mêmes traits, toujours la même loyauté, la même fermeté, la même régularité dans la vie et dans le devoir, toujours la même vigilance pour éviter tout ce qui aurait pu porter atteinte à la délicatesse de la conscience et de l'honneur, toujours la même attention à maintenir haut cette dignité humaine dont il était si jaloux.

Fidélité à ses convictions et à ses vertus. — Pour lui, la justice fut toujours une loi sacrée. Point d'aception de personne ; tous indistinctement devaient passer sous le niveau de la même discipline; les mêmes fautes appelaient des répressions égales, et ceux-là mêmes qui durent subir de sa part la rigueur et la sévérité de la peine ont redit de génération en génération, dès le début comme au milieu et à la fin de sa carrière, que toujours la justice était la règle de sa conduite.

Quant à ses *amitiés*, ceux-là, et ils sont nombreux, qui en ont senti le bienfait et goûté les charmes, peuvent dire si elles étaient plus fortes que le temps, si elles ont duré autant que le cœur généreux où elles s'épanouissaient.

Le caractère enfin est *une force intime qui jaillit de la personne et inspire à tous cette certitude que nous appelons la sécurité.* — A ces paroles, ne vous semble-t-il pas voir se dresser devant vous le vénéré défunt? Comme la force, en effet, jaillissait de sa personne ! Comme en sa présence on se sentait au contact de l'autorité même, au contact de l'énergie, au contact de la puissance physique et morale ! L'autorité, avons-nous dit : n'en avait-il pas tout à la fois le don, le prestige et la souveraineté? Aussi quelle confiance une telle autorité n'inspirait-elle pas? C'est qu'il avait, avec la conscience de la responsabilité qui pesait sur lui, le sentiment de cette vertu intime que Bossuet appelait si bien la force du bon droit; c'est que, en exerçant ce droit, il obéissait aux prescriptions du devoir. Dans cette situation d'âme il dominait toute crainte, toute menace, tout danger, et c'est de lui qu'on peut dire avec le poëte romain : Le ciel lui-même serait tombé sur sa tête sans seulement l'étonner.

Voilà comment il fut un homme, un homme de caractère, un homme étranger à la faiblesse, aux incertitudes, aux lâches et déshonorantes concessions, un de ces hommes en un mot comme il en faudrait tant à la société contemporaine.

Lacordaire disait, il y a longtemps déjà : « On peut avoir de l'esprit, de la science, même du génie et ne pas avoir de caractère. Telle est la France de nos jours. Elle abonde en hommes qui ont tout accepté des mains de la fortune et qui n'ont cependant rien trahi, parce que pour trahir il faut avoir tenu à quelque chose. »

C'est l'honneur de l'abbé Desprez de n'avoir pas appartenu à cette race abaissée. Il tenait, lui, par les racines mêmes de son être, par toutes les habitudes de sa vie, il tenait à ces grandes et saintes choses que jamais, entendez-le bien, Messieurs, il n'est permis de sacrifier sans sacrifier par là-même sa dignité personnelle : il tenait à la conscience, il tenait au devoir, il tenait à la justice, il tenait à l'honneur. Il fut un homme parce qu'il fut un caractère.

La raison, Messieurs, la volonté, le caractère, est-ce assez pour faire un homme? La raison inspire la conduite, la volonté la gouverne; — le cœur l'anime, la soutient, lui donne sa grâce et sa beauté.

Mais qu'est-ce donc que le cœur ? Le cœur, Messieurs, c'est d'abord et avant tout l'abnégation et le renoncement : sans cette abnégation, vous n'avez qu'égoïsme et dureté. Le cœur, c'est ensuite le don de soi, c'est la générosité, c'est le dévouement, le dévouement à toutes les misères auxquelles on peut apporter un adoucissement. Et, à ce point de vue encore, en regardant ce cercueil, je m'attendris et je pleure, parce qu'il contient les restes inanimés d'un homme qui ne fut pas moins grand par le cœur que par le caractère.

Répondez, en effet, Messieurs : celui que nous pleurons était-il mesquinement attaché à ses propres intérêts, ou bien se renonçait-il lui-même ? Qui ne sait, dans cet auditoire et dans cette cité, que, plein d'horreur pour le faste et l'ostentation, il ne chercha jamais à se faire valoir, jamais à monter, nous le verrons plus tard, jamais à s'imposer ? Qui ne sait, au contraire, avec quelle bienveillance il se donnait, il donnait ses conseils si dévoués, sa parole si franche, son cœur si compatissant ? Qui jamais a frappé à la porte de ce cœur sans qu'il lui ait été oùvert ?

O vous, ses anciens élèves, qui, dans les épreuves de votre carrière, avez eu recours à sa direction ou à la haute influence dont il disposait, dites avec quelle affection il accueillait vos demandes, avec quelle activité il multipliait les démarches, avec quelle obstination il en poursuivait le succès.

Familles qui mettiez dans l'instituteur de vos enfants une confiance si légitime, familles dont il possédait les intimes secrets, secrets souvent si pleins d'angoisse, d'amertume et de douleur, dites de quelle âme il s'associait à vos peines. Nous l'avons vu parfois, dans ces confidences auxquelles il nous était donné de prendre part, nous l'avons vu, cet homme si fort, les yeux pleins de larmes, les traits bouleversés par une émotion qu'il ne pouvait contenir.

Vous aussi, vous ses collègues, dont les intérêts lui étaient si chers, dites quel était le charme de son commerce, la sûreté de ses relations, la sincérité d'une affection qui vous suivait partout et montra tant de fois qu'elle ne savait pas oublier.

Prêtres de ce Diocèse, prêtres du Diocèse à la tête duquel nous a placé la divine Providence, dites, vous aussi, quelle fut pour vous son affabilité. Dites par quelle délicatesse il répondait à votre confiance, avec quelle sollicitude il prenait en main votre cause pour s'en faire l'avocat éloquent et souvent victorieux.

Et ce n'était pas seulement à des classes privilégiées qu'il prodiguait les trésors de son cœur. Si sa bonté avait des préférences, c'était pour les plus pauvres, les plus misérables, les plus abandonnés. Ah ! si les murs de son cabinet pouvaient parler, quelles révélations touchantes ils nous feraient entendre ! Que de misères morales relevées par son dévouement ! Que de tristesses consolées ! Que d'inquiétudes dissipées ! Que de détresses soulagées ! Que de délaissés recueillis ! Le vénéré Proviseur, dont tant d'occupations se disputaient les moindres instants, savait toujours trouver du temps pour l'infortune. Il avait compris la charité en ce qu'elle a de plus beau et de plus précieux : belle et précieuse chez tous, en effet, ne l'est-elle pas davantage encore chez l'homme qui sait retrancher une heure aux affaires dont le fardeau l'accable, pour la donner aux affaires de la souffrance d'autrui ?

Et voilà quelle fut chez lui la force du cœur.

Ne vous étonnez plus après cela, Messieurs, du prodigieux ascendant qu'il exerça pendant sa longue carrière. Ne vous étonnez pas du respect qu'il savait commander. L'abbé Desprez fut un homme, et c'est de lui qu'on peut dire avec le poëte :

> Si forte virum quem
> Conspexere, silent.

Ses élèves savaient qu'il était un homme, et ils s'inclinaient à son aspect devant la dignité humaine ; ses professeurs le savaient, et ils respectaient en lui la même dignité ; ses supérieurs le savaient, et ils saluaient en lui l'homme qui tient fièrement et noblement sa place ; le pays le savait, et à sa vue il admirait le spectacle aujourd'hui si rare d'un « homme qui fait honneur à l'homme ; » la cité tout entière le savait, et elle est là sous nos yeux pleurant au pied de ce cercueil la force qui fait l'homme, la force de la raison, la force du caractère et la force du cœur.

> Si forte virum quem
> Conspexere, silent.

Nous avons exposé le mérite de l'homme, montons plus haut et apprécions la vertu du prêtre.

II.

Mais que fais-je? Et comment donc osé-je prononcer ce nom de prêtre à une époque où il a le triste privilège de susciter tant d'attaques, de passions, de haines, de mépris? Qu'il en soit ainsi parmi les multitudes égarées qui ne comprennent pas ce qu'elles blasphèment, nous le constatons avec une poignante douleur. Mais vous n'en êtes pas là, noble cité de Caen, renommée à si juste titre pour votre sagesse, pour votre foi, pour l'attachement et le respect que vous ne cessez de porter à la religion et à ses ministres. Vous êtes dignes, Messieurs, que je vous convie à ce magnifique spectacle du prêtre, du prêtre que je ne veux pas considérer ici dans ses fonctions par rapport à Dieu, mais bien dans le rôle social qu'il remplit.

Eh bien, Messieurs, qu'est-ce que le prêtre? Je n'hésite pas à répondre. Le prêtre, c'est l'homme de la société, l'homme nécessaire. Que faut-il, en effet, à la société pour vivre, se dé-

velopper et fleurir? Que lui faut-il de nos jours en particulier?
Il lui faut la *vérité*, parce que plus que jamais les ténèbres
l'assiègent et l'envahissent. — Or qui défend la lumière dans
son sein? Qui lui distribue le pain de la vérité, de la vérité
supérieure et essentielle, sur Dieu, sur l'homme, sur son origine et sa destinée? Le prêtre. — Il faut à la société la *sainteté*,
parce qu'elle descend chaque jour et s'affaisse dans la corruption qui est le signe de la mort. — Mais qui donc lui redit sans
cesse le *Sursum corda* qui élève au-dessus des sens, au-dessus
de la raison, jusque sur les difficiles hauteurs de la vertu? Qui
donc lui crie, et par la parole et par les actes : *Declina a malo
et fac bonum*, évitez le mal et pratiquez le bien? Le prêtre. —
Il faut à la société la *charité*, parce que l'égoïsme la ronge et
la tue. — Mais qui donc se dévoue pour soulager toutes les
misères, soit physiques soit morales? Le prêtre. — Il faut à la
société la *paix*, parce que les divisions la minent. — Mais qui
donc lui procure la paix de la conscience? Qui se fait l'intermédiaire, l'ambassadeur quotidien entre le riche et le pauvre?
Encore et toujours le prêtre. — Il faut enfin à la société la
prière et le *sacrifice*, parce que son divorce avec Dieu n'est que
trop complet et que sans Dieu la société n'est qu'une chimère.
— Or quel est parmi nous l'homme de la prière et du sacrifice?
Le prêtre, sans lequel l'autel s'écroule, le culte s'anéantit,
la religion s'en va, le ciel et la terre sont à jamais séparés.

Eh bien, ce sublime portrait du prêtre, M. l'abbé Desprez
l'a réalisé dans toute sa conduite.

Il fut l'homme de la vérité. Il la prêchait, cette vérité, dans
ce vicariat de Barneville, où, formé à l'école d'un prêtre de la
vieille marque, il faisait du catéchisme sa passion et son culte.
— Il la prêchait dans cette chapelle du Lycée qui nous fut si

chère, où notre parole de prêtre tombait avec tant de joie de nos lèvres et de notre cœur sur un auditoire si filialement attentif et docile. Sans attrait pour le grand sermon, il excellait dans la conférence : témoin ce discours officiel de la distribution des Prix, où l'orateur rendit un solennel hommage au mérite des instructions qu'il avait entendues chaque Dimanche et en fit ressortir publiquement la solidité, la profondeur et la clarté. — Il prêchait cette vérité dans ces retraites pascales dont il avait à cœur de procurer le bienfait à ses chers élèves, autant pour affermir leur foi que pour purifier leur conscience.

Il fut l'homme de la sainteté. Avec quelle fidélité constante, avec quelle intégrité scrupuleuse il portait dans son âme l'honneur sacerdotal ! Avec quelle sollicitude jalouse il veillait sur sa réputation et sur sa dignité ! Aussi de quel respect elles étaient entourées ! C'est que l'édifice de sa sainteté reposait sur son vrai fondement, la modestie, l'humilité. Si jamais on ne le vit descendre au-dessous de lui-même, le vit-on jamais chercher à sortir de sa sphère, à monter plus haut, à éclipser les autres ? Avec quelle simplicité il savait s'effacer dans toutes les réunions et prendre au besoin, de la meilleure grâce, la place recommandée par l'Évangile ! Me sera-t-il permis de descendre ici dans les détails ? Ecoutez. C'était à l'issue du dernier concile œcuménique. Le jour même où l'Eglise promulguait une décision à laquelle son éducation ne l'avait point préparé, l'abbé Desprez se trouvait dans une assemblée nombreuse où l'on applaudissait à l'acte conciliaire. Il se taisait. Comme on remarquait son silence : « C'est votre opinion qui a triomphé, dit-il ; votre opinion d'hier est aujourd'hui notre commune foi. » — Une autre fois, je faisais allusion à un bruit qui venait de se répandre, bruit d'autant plus facilement accueilli qu'il était plus vraisemblable : « C'est vrai, me dit-il, on vient de me proposer à l'instant une démarche en ma faveur. — Et qu'avez-vous répondu ? — Que je ne me fais pas à ce point illusion sur mes mérites : je ne suis nullement fait pour être Evêque; ma vocation, c'est d'être maître d'école. »

Voilà la sainteté du vénéré défunt.

Il fut l'homme de la charité. Nous l'avons établi suffisamment en montrant son cœur. Mais ce que nous ne saurions taire ici, c'est la part si large que dans son budget annuel il faisait aux pauvres ; c'est l'inépuisable libéralité avec laquelle il répondait à toutes les œuvres qui lui faisaient appel ; ce sont les services de chaque jour qu'il rendait à tous et à chacun avec un dévouement qui ne comptait jamais, qui jamais ne se lassait. Prêtres de cette cité, prêtres de ce pays, vous savez en particulier avec quelle abnégation il se faisait tout à tous, vicaire, chapelain, curé, se multipliant pour répondre à toutes les demandes avec la plus aimable condescendance. Il avait pour ses confrères une si sincère affection, il aimait tant les relations avec eux ! « C'est là, disait-il, que la foi se retrempe, qu'on se sent vraiment à l'aise et que le cœur se dilate dans une fraternelle charité. »

Il fut l'homme de la paix, non point de la paix à toute condition, mais de la paix sur le solide et large terrain de la vérité, de la justice et de l'honneur. Que de dissentiments n'a-t-il pas apaisés ! En dehors de tous les partis, il avait le droit de faire entendre à tous sa parole à la fois si honnête, si modérée, si loyale et d'un si parfait désintéressement. C'est une des gloires de l'abbé Desprez de n'avoir jamais divisé, d'avoir toujours uni, de n'avoir jamais irrité, d'avoir toujours calmé, de n'avoir jamais éloigné, d'avoir toujours rapproché.

Il fut enfin prêtre par la prière et par le sacrifice. Ce n'est pas sans une vive et profonde édification que, pendant neuf années, au milieu de préoccupations incessantes, de travaux accablants, de visites se succédant sans trêve ni relâche, d'interminables correspondances, nous l'avons vu, chaque jour, avec une admirable fidélité, célébrer la sainte Messe. La sainte Messe : c'était son aliment quotidien; c'était sa consolation au milieu des ennuis ; c'était la rénovation de l'esprit sacerdotal, la conservation, malgré tant de distractions, de la vie de Jésus-Christ dans son âme. Nous le voyons encore chaque matin, à son prie-Dieu, faisant sa préparation à l'auguste sacrifice, puis son action de grâces, dans un livre qu'il aimait tout spécialement, dont il savait extraire le suc et dont il savourait les délices, le *Memoriale vitæ sacerdotalis*.

Prêtre, notre vénéré défunt le fut partout, il le fut toujours. Il le fut à Barneville, dans cette paroisse qui le pleure aujourd'hui, non pas seulement comme un ami, comme un bienfaiteur, mais comme un prêtre exemplaire. — Il le fut dans ses fonctions d'aumônier, où il prodiguait à ses élèves bien-aimés tant de zèle et de dévouement. — Il le fut dans sa longue administration, où ses fonctions si diverses n'atteignirent pas plus ses habitudes ecclésiastiques que la robe du Proviseur n'effaça la soutane du Prêtre. « Je ne suis Proviseur que pour un temps, aimait-il à répéter souvent. Je suis Prêtre pour toujours, Prêtre pour l'Eternité. »

Prêtre, il le fut dans ses fonctions de Supérieur de cette grande Communauté du Bon-Sauveur que remit à sa prudente direction la sagesse d'un Evêque juste appréciateur du mérite et de la vertu. Avec quelle foi il aborda ce ministère tout nouveau pour lui ! Nous nous souvenons, non sans émotion, du récit qu'il nous faisait de sa première visite aux Religieuses dont il devenait le père. Ces Religieuses lui demandaient sa bénédiction : « J'ai senti, nous disait-il, mon cœur battre à ce moment; il m'a fallu me rappeler que j'étais prêtre et que ce n'était pas moi qui allais bénir, mais Notre-Seigneur par ma main. » — Sans tarder, il étudie ses nouveaux devoirs, il consulte. Dans ces délicates fonctions, où il s'agit de traiter, non pas avec des âmes vulgaires, mais avec des âmes que leur vocation doit rendre chaque jour plus parfaites, il veut être à la hauteur de sa mission, il veut accomplir en vrai prêtre une œuvre qui est celle de Dieu même ; et les regrets dont il est l'objet à cette heure attestent suffisamment qu'au Bon-Sauveur comme partout il a été l'ouvrier fidèle, l'ouvrier sans confusion, l'ouvrier irréprochable.

Sa robuste constitution semblait promettre pour longtemps encore à lui le travail, à sa Communauté les fruits féconds d'un ministère si intelligent et si actif. Mais Dieu, comme pour montrer qu'il n'a pas besoin des hommes, Dieu voulut le frapper dans l'endroit le plus sensible, dans cette activité qui faisait sa force et sa grandeur. Dieu le frappait en père, afin de perfectionner sa vertu par l'épreuve de la maladie. Dans la souffrance, comme dans la santé, l'abbé Desprez se montra prêtre, prêtre par la patience, prêtre par la résignation, prêtre par l'acceptation de la volonté d'en haut. Durant ses dernières années, qui ne furent plus qu'une alternative d'améliorations passagères et de rechutes plus graves, comme il dut souffrir dans le secret de son âme ! Son âme, en effet, qui avait gardé toute sa vigueur, assistait au plus douloureux, au plus cruel de tous les spectacles, la dissolution lente mais certaine de cette habitation terrestre qui se nomme le corps. Chaque jour, elle le sentait mourir. Cette souffrance, plus amère que les douleurs physiques, l'abbé Desprez sut la porter en homme et en prêtre. Pas un murmure sur ses lèvres, pas une plainte dans son cœur. Pendant qu'il cherchait à dissimuler son état, pour ne pas contrister le cœur qui l'entourait de tous les soins d'une pieuse et filiale tendresse, il faisait à Dieu le sacrifice de sa vie, il attendait la mort avec assurance. *Dedit Dominus ipsi fortitudinem et usque in senectam permansit illi virtus.*

Voilà le prêtre, Messieurs, voilà le soldat du Christ qui a travaillé, travaillé vaillamment pour la gloire de Dieu, pour le salut des âmes, et pour le bien de la société. Si l'homme, par sa raison, son caractère et son cœur, a mérité nos éloges, est-ce que le prêtre, lui aussi, lui surtout, n'a pas droit à nos hommages et à notre reconnaissance? Cher et tant regretté défunt, c'est avec bonheur, malgré notre tristesse, qu'au pied de votre cercueil nous pouvons répéter le chant de l'Eglise : Dans votre vie et dans votre mort vous avez été prêtre : *Ecce Sacerdos.* Par vos vertus, vous avez relevé l'abaissement de nos jours malheureux, vous avez su mériter les complaisances de Dieu : *In diebus suis placuit Deo.* Puissions-nous, à cette époque de colères, de divisions et de haines, mettre à profit vos leçons, imiter vos exemples ! Et, pour votre part, vous aurez la gloire d'être parmi nous l'instrument de la réconciliation : *Et in tempore iracundiæ factus est reconciliatio.*

Avançons, Messieurs, nous connaissons maintenant l'homme; nous connaissons le prêtre ; il nous reste à étudier l'instituteur de la jeunesse.

III.

L'éducation, Messieurs, c'est une œuvre grande entre toutes les œuvres ; c'est l'œuvre capitale à laquelle se rattachent les intérêts les plus graves et les plus sacrés : les intérêts de Dieu, qui sera connu ou méconnu, adoré ou blasphémé, aimé ou haï, selon que l'éducation aura été religieuse ou impie ; — les intérêts de l'Eglise qui sera respectée ou méprisée, dont l'action sera féconde ou stérile, selon que les générations recevront ou non un enseignement chrétien ; — les intérêts de la famille, qui vivra dans l'harmonie ou dans le désordre, dans l'union ou dans la discorde, dans la joie ou dans la tritesse, dans la honte ou dans l'honneur, selon que les enfants auront été formés au respect ou au mépris, à l'obéissance ou à la révolte ; — les intérêts du pays surtout, dont les citoyens seront généreux ou égoïstes, courageux ou lâches, soumis ou rebelles, utiles ou à charge, selon les leçons qui les auront formés. De là cette attention donnée par tous les esprits sérieux à la question de l'éducation.

De bonne heure l'abbé Desprez avait compris cette importance ; de bonne heure il se consacra tout entier à l'enfance ; il lui donna les loisirs que lui laissait son ministère ; il lui donna son zèle de prêtre ; il lui donna son esprit et son cœur. Le pensionnat florissant qu'il avait fondé à Barneville-sur-Mer, la confiance que lui accordaient les familles, les succès enfin que remportaient ses élèves attirèrent bientôt les regards du chef éminent de notre Académie. M. l'abbé Daniel sut discerner du premier coup d'œil les rares aptitudes de M. Desprez et les services qu'il pouvait attendre d'un tel homme. Il n'hésita pas à l'appeler près de lui, dans ce Lycée qu'il avait gouverné lui-même avec tant d'éclat et pour lequel il se préparait, dans la personne de M. l'abbé Desprez, un si digne successeur. M. Desprez ne répondit pas sans hésitation à l'appel qui lui était fait. Il finit pourtant par céder. C'est qu'il savait que, de par Jésus-Christ lui-même, le prêtre a la mission d'enseigner, — c'est qu'il savait que l'Eglise, depuis les Apôtres jusqu'à nous, n'a jamais failli à cette noble tâche ; que, mère des peuples chrétiens, elle a revendiqué toujours et partout le droit d'élever ses enfants dans la justice et dans la vérité. Le mot d'Université ne l'effrayait pas, parce qu'il l'avait trouvé dans la bouche même de l'Eglise. N'est-ce pas elle, en effet, qui a donné naissance aux Universités, qui a dirigé l'enseignement dans ces écoles de Charlemagne, où les ténèbres de la barbarie faisaient place aux lumières du christianisme et de la vraie civilisation ? N'étaient-ce pas ses docteurs qui, sous le règne de St Louis, attiraient au pied de leurs chaires, dans la capitale même de la France, des auditeurs accourus de toutes les contrées de l'Europe ? Ne sont-ce pas ses Papes, ses Evêques, ses prêtres qui à toutes les époques ont lutté, énergiquement lutté contre l'ignorance et provoqué le progrès des sciences, des lettres et des arts, qui partout, au sein de notre patrie en particulier, ont fait surgir les écoles les plus célèbres, au midi comme au nord de la France ? N'est-ce pas un Pape, pour nous en tenir à notre contrée, n'est-ce pas Eugène IV qui a fondé l'Université de Caen ?

Notre vénéré défunt avait appris d'ailleurs d'un des grands maîtres de l'Université contemporaine la place que l'Eglise doit occuper dans l'enseignement. « Ce qui me touche le plus dans l'histoire de l'Eglise, dit M. de Salvandy, ce n'est pas la fécondité inépuisable qui lui a fait produire à toutes les époques, et au milieu même des ténèbres du moyen-âge, des génies tels que Gerbert, St Anselme, St Bernard, St Thomas-d'Aquin, et plus tard Bossuet et Fénelon ; mais c'est le combat obstiné de toute cette armée de l'intelligence, de la charité, de la conscience, contre l'ignorance, la corruption, l'abrutissement des hommes ; c'est son dévouement à instruire le dernier des pâtres et des laboureurs d'un bout du monde à l'autre, lui parlant de l'infini, de l'immortalité de l'âme, de la justice divine, de bienveillance réciproque, de vertus domestiques, de devoirs sociaux, de dignité humaine. On peut le dire, la plus grande école populaire de morale et de philosophie que le monde ait jamais eue se trouve là. »

Le jeune vicaire vint donc ; il vint avec son intelligence et son énergie ; il vint avec son amour ardent pour la jeunesse, et il se mit résolument à l'œuvre. A-t-il réussi ? Vous le savez, Messieurs, et la rapidité avec laquelle il devient, sur place, d'aumônier censeur, de censeur proviseur, dit assez comment l'autorité supérieure apprécia son mérite, quelle confiance elle lui donna, quelles espérances elle fondait sur lui.

L'autorité supérieure avait raison : l'abbé Desprez était un maître dans l'art d'élever la jeunesse.

Quelles sont, Messieurs, les qualités de l'instituteur vraiment digne de ce nom ? Le psalmiste nous semble les résumer admirablement dans cette phrase : *Bonitatem et disciplinam et scientiam doce me.*

La *bonté* d'abord. C'est qu'avant tout ce qu'il faut à la racine même de l'éducation, c'est l'amour, c'est le dévouement.—Et voilà bien la grande qualité de celui que nous pleurons. Il fut un proviseur modèle, parce que son dévouement ne connut pas de bornes. Proviseur, Messieurs, qu'est-ce à dire ? C'est-à-dire un homme dont l'œil doit être ouvert sur tout, dont la main doit être présente partout, dont le cœur sait deviner tous les besoins et y donner satisfaction. Proviseur, Messieurs, c'est un mot sublime que celui-là, c'est un mot divin, car c'est le mot qui traduit la sollicitude paternelle de Dieu pour tous ses enfants ; c'est le nom même de la Providence et l'expression de sa bonté Eh bien, M. l'abbé Desprez posséda-t-il la bonté, le dévouement ? Fut-il proviseur dans toute l'acception du mot ? Ecoutez. Le matin, il est le premier debout : que de fois quand le sommeil retenait celui qui devait donner le signal du réveil, il apparut lui-même le rappelant au devoir ! Pendant la prière, pendant les études, il est là surveillant, par des moyens que lui avaient suggérés l'expérience et le dévouement, la tenue et le travail de ses enfants. Pendant les classes, il se promène sans bruit dans le long corridor, voulant constater par lui-même que l'enseignement se distribue dans le recueillement et dans le calme ; ou bien il est au dortoir, il est à la salle d'étude, scrutant les meubles et les pupitres, ne laissant aux fraudes de l'écolier aucun recoin, aucun refuge où elles puissent se dissimuler. Pendant les récréations, quand les visites des parents ne le tiennent pas captif, il apparaît tout à coup, il examine les groupes, il prend plaisir à gêner de sa présence des conversations trop philosophiques ou trop prolongées ; il provoque les jeux et répand partout l'entrain et la gaîté. Le réfectoire non plus ne lui échappe pas : il y veut et il y assure un régime sain, convenable et fortifiant. Les nuits enfin l'ont vu interrompre son repos, passer à l'improviste à travers les dortoirs, tout le long des cellules, gardant comme la prunelle de l'œil tant de trésors confiés à sa sollicitude.

Voilà comment il réalisait le type indiqué par Fénelon : « Celui qui aime jusqu'à se dévouer, c'est-à-dire jusqu'à s'oublier soi-même, possède ce que l'amour a de plus divin, je veux dire le transport, l'oubli de soi, le désintéressement, la pure générosité. » Voilà le proviseur, voilà le père, avec la première qualité de l'instituteur, la bonté.

La seconde, d'après le psalmiste, c'est la *discipline*. La discipline, condition si importante que Platon n'a pas craint de dire : « Toute la force de l'éducation est dans une discipline bien entendue. » Mais en quoi consiste la discipline ? Le grand Evêque qui a immortalisé son nom, moins par ses discours politiques et ses œuvres épiscopales que par son Traité sur l'Education, nous répond que la discipline a trois fonctions principales : maintenir, prévenir et réprimer.

Maintenir : c'était bien le don de notre habile proviseur. Il maintenait le respect dû à l'autorité dont il portait le drapeau et si ferme et si haut. — Il maintenait le respect dû à ses professeurs ; leur dignité, c'était sa propre dignité, comme leurs succès étaient ses propres succès. — Il maintenait le respect dû aux maîtres à tous les degrés, parce qu'il avait le sentiment des grands devoirs qui leur incombaient, parce qu'il savait qu'ils avaient mission de le remplacer là où il ne pouvait être, pour protéger la foi, les mœurs, le travail des enfants, pour garder leur esprit, leur cœur et leur vie, pour les conserver dans ces vertus qui doivent plus tard faire de ces enfants des hommes et des chrétiens. — Il maintenait, chose douloureuse à proclamer, il maintenait l'autorité de ces parents dont la faiblesse favorisait les caprices et les révoltes de l'enfant, de ces parents à qui leurs continuelles concessions avaient fait perdre le nerf et le prestige de l'autorité. — Il maintenait par dessus tout le réglement, dans lequel il voyait, avec son coup d'œil si juste, le rempart destiné à protéger le jeune homme contre ses propres défauts et surtout contre ce penchant naturel qui le porte sans cesse à l'indépendance. *Dedit Dominus ipsi fortitudinem.*

Prévenir! Avec la connaissance qu'il avait de la jeunesse, de sa nature, de ses dispositions au bien et au mal, il veillait et sa vigilance avait une merveilleuse efficacité. Par un avis charitable, par une parole affectueuse et au besoin sévère, il allait au devant du mal, il l'extirpait dans sa racine, ou du moins l'empêchait de se produire. Par un conseil prévoyant et sage, il arrêtait parfois le maître lui-même sur une pente féconde en dangers. Il savait, en un mot, se rendre toujours présent là où il pouvait redouter l'infraction à la règle et rendre cette infraction impossible, sinon par la raison de l'élève, du moins par la puissante influence et la discrétion du Proviseur.

Chez lui, la vigilance et la bonté ne furent jamais les précautions de la faiblesse. Il avait éminemment ce sens du devoir qui ne recule jamais. Aussi, quand le mal éclatait, il savait réprimer, mais réprimer avec cette justice qui subjuguait la raison du coupable et lui faisait accepter le châtiment parce qu'il avait la conscience de l'avoir mérité. — Que de fois, malgré l'apparente rudesse de sa parole, son cœur souffrit ! Que de fois il sentit la nécessité douloureuse de la répression, qui contriste plus celui qui l'inflige que celui qu'elle atteint! Vous tous qui rendiez hommage à son impartialité, alors même qu'il sévissait contre vous, chers et bien-aimés élèves, quand l'âge aura mûri vos conseils, vous saurez qu'il est des châtiments qui sont de vrais bienfaits, qu'il est des sévérités miséricordieuses dont l'énergique action sauve, avec le jeune homme et son avenir, la famille et, dans une certaine mesure, la société elle-même. Oui, notre Proviseur fut l'homme de la discipline; et c'est à cette discipline constamment en honneur que le Lycée de Caen a dû la réputation de bon esprit, de respect, de travail qui le distingue depuis si longtemps.

Au dévouement et à la discipline le psalmiste ajoute la *science*.

Sans doute, ce n'est pas tant au proviseur qu'aux professeurs placés sous sa direction qu'il appartient de distribuer jour par jour l'aliment intellectuel. Mais qui donc pourrait contester la légitime influence du proviseur sur la qualité de l'enseignement? Or, qui ne sait avec quelle infatigable sollicitude l'abbé Desprez tenait l'œil ouvert sur les études, provoquait le travail et poussait à la science?

Il était de ceux toutefois qui connaissent l'impuissance de l'instruction purement humaine. Il savait qu'avec la science des langues on ne parviendra jamais à inculquer aux jeunes générations le respect de l'autorité. Il savait que les mathématiques, même supérieures, n'ont pas le privilège de détruire l'égoïsme et d'établir le règne de la vraie fraternité. Il savait que l'enseignement de l'histoire et de la géographie peut sans doute placer sous les regards de l'enfant de nobles et grands exemples, lui montrer le patriotisme ; mais il savait aussi qu'il est incapable d'en allumer dans son âme la flamme sacrée, incapable de l'y entretenir. Il savait que la gymnastique peut assouplir les membres, dresser et fortifier les corps, mais qu'elle ne peut rien pour le développement des facultés morales. Il savait dès lors que la science maîtresse, la science qui doit dominer toutes les autres, c'est la science qui met l'homme face à face avec Dieu, face à face avec la conscience, face à face avec le présent qui passe et l'immortel avenir. Aussi, combien son âme de prêtre n'a-t-elle pas dû souffrir en entendant préconiser dans ces derniers temps le système de l'éducation sans Dieu! Sa raison, non moins que sa foi lui disait que l'athéisme ne peut accuser qu'une extrême petitesse et que le *grand* doit toujours faire peur à l'athée parce que nécessairement il y rencontre Dieu.

Il savait que le matérialisme abaisse et dégrade, qu'il étouffe la voix intérieure affirmant à l'homme sa supériorité sur l'animal; et avec Châteaubriand il jetait aux propagateurs de cette doctrine abjecte cette véhémente apostrophe : « Manufacturiers de cadavres, vous aurez beau broyer la mort, jamais de vos funèbres officines vous ne ferez sortir un germe de liberté, un grain de vertu, une étincelle de génie. »

Il savait que le rationalisme, c'est l'homme livré à lui-même, abandonné à sa propre faiblesse, et tout en rendant hommage à la raison, en défendant ses droits, il proclamait qu'il est des ténèbres qu'elle ne peut éclaircir, des limites qu'elle ne peut dépasser; et dans son dévouement au progrès humain, il voulait fortifier et prolonger le regard de la raison en l'armant du télescope de la foi.

Aussi prêchait-il à tous la science religieuse, il la prêchait partout. Il la prêchait aux enfants, il la prêchait aux jeunes gens, il la prêchait aux parents. Il leur en faisait comprendre la nécessité pour la vertu, pour l'honneur de l'enfant et par conséquent pour leur propre bonheur. Il la prêchait par sa parole, il la prêchait par ses actes ; il en démontrait par sa noble vie les avantages et les bienfaits. Il ne cessait de répéter avec Pascal : « On n'apprend pas aux hommes à être honnêtes gens et on leur apprend tout le reste. »

En propageant cette science nécessaire, il avait la conscience de travailler à la dignité du jeune homme, à la sécurité de la famille, à la vitalité, à la grandeur du pays. Qu'attendre, en effet, Messieurs, pour le pays, d'un jeune homme qui ne croit pas à l'avenir éternel, d'un homme qui craint de mourir, comme si mourir, ce n'était pas commencer de vivre, ce n'était pas posséder Dieu ? Qu'attendre, à l'heure du devoir, à l'heure du péril, à l'heure où le patriotisme doit braver la mort ? — Pénétré de ces principes, M. Desprez avait la conscience de travailler à la gloire de l'Eglise, à la gloire de Dieu et de remplir ainsi dans toute son étendue son humble mais glorieuse mission d'instituteur.

Honneur à lui, Messieurs, honneur à l'instituteur accompli, qui forma tant de générations à la justice et au devoir ! C'est l'étoile brillante qui ne s'éteint dans les ténèbres de la mort que pour resplendir à jamais dans l'éclat de la lumière éternelle : *Qui ad justitiam erudiunt multos, quasi stellæ fulgebunt in perpetuas æternitates !*

Voilà, Messieurs, notre cher défunt. Dites maintenant s'il est vrai qu'il n'est rien de meilleur que de rester fidèle à notre grand Dieu ! *Ut omnes viderent quia bonum est obsequi sancto Deo.*

Un orateur contemporain a dit, avec autant de bonheur que de raison : « Rien ne se perd d'un mouvement imprimé par une créature libre, et, toute froide qu'elle est sous la tombe, elle se survit dans l'immortalité des leçons qu'elle a données. Cette responsabilité n'est pas seulement le partage des hommes célèbres, de ceux qui ont été vus de loin par un grand nombre ; tous, même les plus obscurs, nous versons une goutte dans le limon douloureux de l'humanité. Elle y sert à pétrir ses destinées et nous la retrouverons un jour comme une joie ou comme un remords, dans la condamnation ou le salut des multitudes. »

Ne dirait-on pas que ces graves paroles ont été prononcées pour l'éloge funèbre de notre cher défunt? Non, si froid que vous soyez dans votre cercueil, vous n'êtes pas mort, ô vous que nous pleurons ! Plus heureux qu'Epaminondas, vous ne laissez pas seulement pour garder votre mémoire deux filles immortelles, vous vous survivrez dans l'immortalié de tant de leçons que vous avez données. Vous n'avez pas seulement versé une goutte dans le sillon douloureux de l'humanité ; vous y avez versé les sueurs de vos longues journées ; vous y avez versé les fatigues de vos nuits ; vous y avez versé les souffrances de vos dernières années ; vous y avez versé le dévouement de votre vie tout entière.

Ce dévouement ne sera pas stérile ; il servira puissamment à pétrir les destinées de notre Normandie. Vos leçons et vos exemples seront fidèlement gardés, gardés par la reconnaissance des générations que vous avez élevées, gardés par l'affection (de ceux qui eurent le bonheur de travailler sous vos larges et hautes inspirations, et de prendre part à votre tâche si laborieuse et si féconde ; gardés par les familles que vous avez si noblement représentées, si généreusement servies dans ce qu'elles ont de plus cher ; gardés par les prêtres de ces deux Diocèses qu'ont honorés vos travaux et vos vertus; gardés par cette cité que vous avez aimée jusqu'à la mort et qui, dans votre mort elle-même, répond si bien à votre attachement ; gardés, en un mot, par tous ceux qui vous ont connu.

Et pendant qu'ici-bas nos cœurs vous payeront le tribut de nos prières ferventes, vous retrouverez là-haut ces leçons et ces exemples, non pas comme un remords, mais comme une joie douce, délicate et pleine ; car ils auront contribué, contribué puissamment au salut d'un grand nombre. Votre couronne, c'est notre ferme espoir, s'enrichira de tous les triomphes de ceux que vous avez préparés au combat et guidés à la victoire.

Coutances. — Imprimerie de SALETTES, libraire.

www.ingramcontent.com/pod-product-compliance
Lightning Source LLC
Chambersburg PA
CBHW060547050426
42451CB00011B/1817